INDUSTRIE DE LA PERLE DE VERRE

" LA PERLE FRANÇAISE "

Société anonyme au Capital de 550.000 Francs

STATUTS

LYON
IMPRIMERIE ET LITHOGRAPHIE DU SALUT PUBLIC
71, RUE MOLIÈRE, 71

1898

INDUSTRIE DE LA PERLE DE VERRE

" LA PERLE FRANÇAISE "

Société anonyme au Capital de 550.000 Francs

STATUTS

LYON
IMPRIMERIE ET LITHOGRAPHIE DU SALUT PUBLIC
71, RUE MOLIÈRE, 71
1898

INDUSTRIE DE LA PERLE DE VERRE

" LA PERLE FRANÇAISE "

Société anonyme au Capital de 550.000 francs

STATUTS

TITRE I

Formation — Dénomination — Objet — Siège — Durée.

ARTICLE PREMIER.

Il est formé, entre les souscripteurs et propriétaires futurs des actions ci-après créées, une Société anonyme qui sera régie par les lois des vingt-quatre juillet mil huit cent soixante-sept, premier août mil huit cent quatre-vingt-treize et les présents statuts.

Elle prend la dénomination de :

INDUSTRIE DE LA PERLE DE VERRE « la Perle Française »

ART. 2.

La Société a pour objet la fabrication et la vente de la perle et de tous articles similaires, et généralement tout ce qui se rattache directement à ce genre d'industrie et à l'emploi de la perle.

2

ART. 3.

Le siège de la Société sera à Lyon, provisoirement rue du Garet n° 4. Il pourra être transféré dans tout autre local de la même ville sur simple décision du Conseil d'administration.

ART. 4.

La durée de la Société est fixée à cinquante années à compter du jour de sa constitution définitive, sauf les cas de dissolution anticipée ou de prorogation prévus à l'article 40.

TITRE II

Apport -- Capital social — Attributions — Actions — Parts de Fondateur.

ART. 5.

M. Paul BÉROUD apporte à la Société : ses études, soins, démarches, plans, devis pour l'installation et l'organisation à Lyon d'une fabrique de perles.

Le bénéfice des divers traités passés avec les spécialistes pour la fabrication de la perle.

ART. 6.

En rémunération de ce cet apport il est attribué à M. Paul BÉROUD une somme de 15.000 francs payable en espèces dans le mois de la constitution de la Société sans intérêts et une part de 10 0/0 dans les bénéfices nets, tels qu'ils sont établis à l'article 43.

ART. 7.

Le capital social est fixé à la somme de 550.000 francs divisé en 1.100 actions de 500 francs chacune à émettre contre espèces.

Il pourra être augmenté en une ou plusieurs fois ainsi qu'il est prévu à l'article 10.

En cas d'augmentation du capital social par l'émissions d'actions à souscrire en espèces, les propriétaires des actions existantes auront à la souscription des actions nouvelles un droit porportionnel de préférence dont l'exercice sera réglé par le Conseil d'administration.

ART. 8.

Les actions sont payables : un quart en souscrivant, et les trois autres quarts d'après les besoins de la Société et aux époques qui seront déterminées par le Conseil d'administration.

Les appels de fonds seront portés à la connaissance des actionnaires, par lettre recommandée, un mois avant l'époque fixée pour chaque versement.

Le premier versement de cent vingt-cinq francs sera constaté par un titre nominatif provisoire. Il sera fait sur ce titre mention des versements effectués ultérieurement et successivement. Lors du dernier versement, le titre provisoire sera échangé contre un titre définitif qui sera nominatif ou au porteur au gré de l'actionnaire.

ART. 9.

A défaut de versement par les actionnaires, aux époques déterminées, l'intérêt de la somme due courra, de plein droit, au taux de cinq pour cent l'an à compter du jour de l'exigibilité et sans demande en justice.

L'Actionnaire qui n'aurait pas libéré ses actions dans le mois qui suivrait l'époque indiquée pourra être contraint au paiement par tous les moyens de droit et par la vente de ses actions, qui s'opérera, à ses risques et périls, à la Bourse de Lyon par le ministère d'un agent de change si les actions sont cotées, et dans le cas contraire en banque ou aux enchères par le ministère d'un notaire.

Cette vente pourra être faite en masse ou en détail, soit un même jour, soit à des époques successives, après un avis inséré dans deux journaux quotidiens d'annonces légales de la ville de Lyon, un mois avant la vente et indiquant les numéros des actions en retard de libération. Il sera adressé, par lettre recommandée, à son dernier domicile connu, à l'actionnaire en retard, une mise en demeure de remplir son engagement. Il n'est besoin d'aucune autorisation judiciaire ni d'aucune mise en demeure personnelle autre que celle contenue dans la lettre recommandée ci-dessus mentionnée et sans égard pour les délais de distance.

Les titres provisoires des actions vendues deviendront nuls de plein droit En conséquence, tous titres qui auront été compris dans l'avis de vente susénoncé ne pourront être admis à négociation ou transfert.

Il est délivré aux acquéreurs de nouveaux titres avec les mêmes numéros et une mention de duplicata.

La Société imputera le prix à provenir de la vente sur les frais, puis sur les intérêts et le capital et conservera son droit pour le recouvrement de ce qui resterait dû.

L'excédant du prix de vente, s'il y en a, appartiendra au titulaire dépossédé; s'il y a déficit, au contraire, l'actionnaire exproprié sera tenu de la différence et la Société conservera pour la somme restant due l'action personnelle et de droit commun contre les retardataires et leurs garants. Les mesures autorisées par le présent article ne feront pas obstacle à l'exercice simultané par la Compagnie de tous les moyens de droit contre tous les actionnaires défaillants.

Tout titre d'action qui ne portera pas la mention régulière des versements qui auraient dus être opérés cessera d'être admis à la négociation et au transfert et aucun dividende ne lui sera payé.

Art. 10.

Les actions seront extraites d'un registre à souche, revêtues d'un numéro d'ordre, frappées du timbre de la Société et signées par deux Administrateurs.

Les actions nominatives sont représentées par les certificats nominatifs, indiquant les noms, prénoms et domiciles des titulaires et constatant pour chaque actionnaire le nombre d'actions qu'il possède.

Ces certificats sont extraits d'un registre à souche, revêtus d'un numéro d'ordre, signés de deux membres du Conseil d'administration et frappés du timbre sec de la Société.

Art. 11.

La cession des actions au porteur s'opère par la simple tradition du titre.

Celle des titres nominatifs par une déclaration de transfert inscrite sur les registres de la Société.

Toute demande de transfert devra être accompagnée d'une feuille de transfert signée par le cédant et d'une feuille d'acceptation de transfert signée par le cessionnaire.

La Société peut exiger que la signature des parties ou de leur mandataire soit certifiée par un agent de change ou un officier public.

Les titres sur lesquels les versements échus ont été effectués sont seuls admis au transfert

Tous les frais résultant du transfert sont à la charge du cessionnaire.

Le certificat du cédant est alors annulé et il est délivré un ou plusieurs certificats nouveaux aux noms du ou des cessionnaires.

Les actions nominatives peuvent être converties en actions au porteur et réciproquement. Cette conversion s'opère sur la demande écrite de l'actionnaire contre la remise du certificat nominatif ou des actions au porteur et à ses frais. Le Conseil d'administration règle les formes de l'opération.

Art. 12.

Chaque action est indivisible à l'égard de la Société qui ne reconnait qu'un seul propriétaire pour chaque action.

Les co-propriétaires indivis d'une action ou les ayants droit à n'importe quel titre sont tenus de se faire représenter par un seul d'entre eux, au nom duquel l'action doit être inscrite si le titre est nominatif.

Les usufruitiers et nu-propriétaires devront également se faire représenter par un seul d'entre eux et la Compagnie ne reconnaît que l'usufruitier pour toutes les communications à faire à l'Actionnaire.

Art. 13.

Chaque action donne droit sans distinction :

A une part égale dans la propriété du fonds social et dans les bénéfices tel qu'ils sont fixés par l'article 43.

Elle donne encore l'exercice de tous les droits et soumet à toutes les prescriptions de la loi et les obligations résultant des Statuts et des modifications qui pourront y être apportées dans la suite.

La possession d'une action emporte de plein droit adhésion aux Statuts de la Société et aux décisions de l'Assemblée générale.

Les droits et obligations attachés à l'action suivent le titre, dans quelque main qu'il passe.

ART. 14.

La Société ne sera pas dissoute par le décès, l'interdiction ou la déconfiture d'un ou de plusieurs Actionnaires.

Les héritiers ou créanciers d'un Actionnaire ne peuvent, sous quelque prétexte que ce soit, provoquer l'apposition des scellés sur les biens et valeurs de la Société, ni demander le partage ou la licitation, ni s'immiscer en aucune manière dans son administration : ils doivent pour l'exercice de leurs droits s'en rapporter aux inventaires sociaux et aux délibérations de l'Assemblée générale.

ART. 15.

En cas de perte d'un titre nominatif, l'Actionnaire doit faire signifier à la Société une opposition au paiement des dividendes et au remboursement du capital.

Lorsqu'il aura justifié de ses droits, l'Actionnaire dépossédé pourra exiger le paiement des intérêts ou dividendes échus et un duplicata de son titre qui annule l'ancien.

En cas de perte d'un titre mixte ou au porteur l'Actionnaire devra suivre les prescriptions de la loi du 15 juin 1872.

ART. 16.

Les intérêts, dividendes et amortissements sont régulièrement et valablement payés au porteur des titres ou des coupons. Après l'approbation des inventaires annuels en Assemblée générale les bénéfices sont acquis définitivement à tous et non sujets à rapport.

Les intérêts, dividendes, qui n'ont pas été touchés dans les cinq années de l'époque de l'exigibilité, sont définitivement acquis à la Société, conformément à l'art. 2277 du Code civil.

ART. 17.

Les Actionnaires ne sont tenus, même à l'égard des tiers, que jusqu'à concurrence du montant de leurs actions.

Ils ne peuvent être soumis à aucun appel de fonds ni à aucune restitution d'intérêt ou de dividende régulièrement perçus.

TITRE III

Obligations.

Art. 18.

Il pourra être créé ou émis des obligations avec ou sans garantie hypothécaire.

L'Assemblée générale, sur la proposition du Conseil d'administration, déterminera le montant et le mode des emprunts, le prix d'émission, l'intérêt et le mode de remboursement.

TITRE IV

Conseil d'administration. — Administration.

Art. 19.

La Société est administrée par un Conseil d'administration composé de cinq membres au moins et de sept membres au plus.

Les Administrateurs sont nommés par l'Assemblée générale des Actionnaires et pris parmi les associés.

Le nombre des membres du Conseil d'administration pourra être augmenté ou diminué par une décision de l'Assemblée générale sur la proposition du Conseil en fonctions.

Les fonctions des Administrateurs ont une durée de six ans.

Lorsque ces fonctions seront expirées le premier Conseil sera soumis en entier à la réélection, ensuite il sera renouvelé par la sortie d'un ou de plusieurs membres chaque année en alternant s'il y a lieu. Les membres sortants seront désignés par le sort pour les premières années et ensuite par ancienneté, le renouvellement devant être complet dans chaque période de six années.

Le Conseil peut se compléter jusqu'au nombre maximum ci-dessus indiqué et pourvoir au remplacement de tout Administrateur en cas de vacance par décès, démission ou autre cause. Ces nominations faites à titre provisoire sont soumises à la confirmation de la plus prochaine Assemblée générale.

L'Administrateur nommé en remplacement d'un autre dont le mandat n'est pas expiré ne demeure en fonctions que pendant le temps restant à courir de l'exercice de son prédécesseur.

Les membres du Conseil d'administratron sont toujours rééligibles.

Art. 20.

Par dérogation aux énonciations qui précèdent, le premier Conseil d'administration sera statutaire et comprendra :

1° M. Francique Favre, ❋, négociant, demeurant à Lyon, rue Molière, n° 12 ;

2° M. Pierre Denis, fabricant de couronnes, demeurant à Lyon, rue d'Algérie, n° 9 ;

3° M. Joseph Vaudray, fabricant de couronnes, demeurant à Lyon, rue de la Préfecture, n° 7 ;

4° M. Pierre-Alfred Née, fabricant de couronnes, demeurant à Rouen, rue de l'Epicerie, n° 52 ;

5° M. Paul Beroud, commissionnaire, demeurant à Lyon, rue du Garet, n° 4.

Son mandat aura une durée de trois ans, qui pourra être portée à six ans si la nomination du Conseil est soumise à l'Assemblée générale des Actionnaires.

Art. 21.

Du jour où ils entrent en fonctions les Administrateurs doivent être chacun propriétaires de vingt-cinq actions de la Société. Ces actions demeurent affectées par privilège à la garantie de leur gestion. Elles sont inaliénables pendant la durée de leurs fonctions, frappées d'un timbre indiquant l'inaliénabilité et déposées dans la caisse sociale.

L'Administrateur sortant ou démissionnaire ne peut disposer de ses actions que dans le mois de l'Assemblée générale qui aura approuvé les comptes et s'il n'y a pas d'opposition.

ART. 22.

Les membres du Conseil d'administration ne contractent en raison de leurs fonctions aucune obligation personnelle relativement aux engagements de la Société.

Ils ne répondent que de l'exécution de leur mandat.

ART. 23.

Le Conseil a droit au prélèvement sur les bénéfices déterminés dans l'article 43 et à des jetons de présence dont l'importance sera fixée par l'Assemblée générale des Actionnaires. Le chiffre ainsi déterminé sera maintenu jusqu'à décision contraire d'une autre assemblée générale. Le Conseil répartit entre ses membres de la façon qu'il juge convenable les avantages fixes ou proportionnels qui lui sont attribués.

ART. 24.

Il est interdit aux Administrateurs de prendre ou conserver un intérêt direct ou indirect, dans une entreprise ou un marché fait avec la Société ou pour son compte, à moins qu'il n'y soit autorisé par l'Assemblée générale.

Il est chaque année rendu, à l'Assemblée générale, un compte spécial de l'exécution des entreprises par elles autorisées.

Les Administrateurs ont la faculté de s'intéresser et s'engager dans des affaires où la Société aurait elle-même des intérêts, ils peuvent dans toutes opérations faites par la Société avec des tiers ou sociétés, être participants.

ART. 25.

Le Conseil d'administration nomme chaque année son Président et son Secrétaire, lesquels pourront toujours être réélus.

En cas d'absence du Président le Conseil désigne pour chaque séance, celui de ses membres présents qui doit en remplir les fonctions.

En cas d'absence du Secrétaire les fonctions sont dévolues au plus jeune des membres présents.

Les Administrateurs appelés à remplir temporairement les fonctions de Président et de Secrétaire exercent pendant ce temps tous les droits attachés à ces fonctions.

Le Président est chargé de faire les convocations du Conseil d'administration qui, dans la mesure du possible, devront indiquer les questions à l'ordre du jour. Il fait exécuter les décisions arrêtées par le Conseil.

Le Conseil d'administration se réunit au siége social ou dans tout autre lieu qu'il désigne, aussi souvent que l'intérêt de la Société l'exige.

La présence effective de trois membres, si le Conseil est composé de cinq membres, et de quatre membres si le Conseil est composé de sept membres, est nécessaire pour la validité de ses délibérations.

Les noms des membres présents sont indiqués en tête du procès-verbal de chaque séance.

Les décisions sont prises à la majorité des voix des membres présents ; en cas de partage la voix du Président est prépondérante ; nul ne peut voter par procuration.

Les délibérations sont constatées par des procès-verbaux inscrits sur un registre spécial et signés par le Président et tous les Administrateurs présents, ainsi que par le Secrétaire.

Les copies ou extraits de ces délibérations, à produire en justice ou ailleurs sont certifiés par le Président ou par deux Administrateurs.

Art. 26.

Le Conseil d'administration est investi des pouvoirs les plus étendus pour la gestion et l'administration des affaires et des biens de la Société, avec le droit de statuer et d'agir soit par lui-même ou soit par délégué ou mandataire : il a notamment les pouvoirs suivants qui sont énonciatifs et non limitatifs.

Il reçoit toutes les sommes qui peuvent être dues à la Société, donne toutes quittances ou décharges.

Il passe tous marchés et prend tous engagements à cet égard.

Il signe ou accepte tous billets, traites, lettres de change, endos et effets de commerce, il cautionne et avalise.

Il détermine le placement des fonds disponibles et règle l'emploi des réserves de toute nature.

Il autorise tous retraits, transferts, transports, conversions, aliénations de fonds, rentes, créances, annuités, biens et valeurs quelconques, appartenant à la Société, avec ou sans garantie.

Il nomme ou révoque tous mandataires, employés ou agents, détermine leurs attibutions, leurs traitements, salaires et gratifications, soit d'une manière fixe, soit autrement

Il donne tous désistements de privilèges, hypothèques, actions résolutoires.

Il consent toutes mainlevées de saisies mobilières ou immobilières, d'oppositions, saisie-arrêt ou d'inscriptions hypothécaires, ainsi que tous privilèges, hypothèques, actions résolutoires et généralement de tous droits et actions pouvant bénéficier à la Société et à quelque titre que ce soit, le tout avec ou sans paiement.

Il consent toute antériorité et préférence d'hypothèques et toutes mentions et subrogations.

Il autorise toutes instances judiciaires, soit en demandant, soit en défendant.

Il traite, transige, compromet sur tous les intérêts de la Société.

Il fixe les dépenses générales d'administration.

Il autorise tous achats, ainsi que toutes ventes et échange même d'immeubles.

Il consent tous traités, marchés, soumissions et entreprises à forfait ou autrement, et contracte, à l'occasion de toutes opérations, tous engagements et obligations.

Il consent et accepte tous baux, avec ou sans promesse de vente.

Il vend et achète tous biens, tant mobiliers qu'immobiliers.

Il peut déléguer et transporter tous loyers et redevances, échus ou à échoir.

Il peut faire les emprunts nécessaires à l'exploitation de l'industrie, sans que ces emprunts puissent ensemble dépasser une somme de 200,000 fr.

Il peut faire toutes délégations, donner et accepter tous gages, nantissements et autres garanties mobilières, de quelque nature qu'elles soient.

Il peut accepter en paiement toutes annuités et délégations.

Il convoque les Assemblées générales aux époques fixées par les Statuts et extraordinairement s'il le juge utile.

Il arrête les comptes qui doivent être soumis à l'Assemblée générale, fait un rapport sur ces comptes et sur la situation des affaires sociales.

Il propose la fixation des dividendes à répartir.

Il élit domicile partout où besoin sera.

Enfin, il statue sur tous les intérêts qui rentrent dans l'administration de la Société.

Le Conseil d'administration représente la Société en justice tant en demandant qu'en défendant.

Les pouvoirs qui viennent d'être conférés au Conseil d'administration sont énonciatifs et non limitatifs de ses droits.

ART. 27.

Le Conseil d'administration peut déléguer ses pouvoirs à un ou plusieurs de ses membres et même à une ou plusieurs personnes étrangères à la Société; mais, dans ce dernier cas, pour des objets déterminés seulement. Il peut nommer aussi un ou plusieurs Directeurs.

Il est autorisé à donner des appointements fixes ou proportionnels à un ou plusieurs de ses membres ou Directeurs, de même que des indemnités pour missions ou mandat spécial.

Il peut aussi délivrer des procurations générales ou particulières.

ART. 28.

M. Paul BEROUD est nommé statutairement Directeur général, administrateur délégué de la Société, et tous pouvoirs utiles lui sont donnés à cet effet par l'Administration de la Société.

Il reçoit et quittance toutes sommes dues à la Société et signe la correspondance, les marchés et traités, les acceptations ou émissions d'effets de commerce et fait généralement tout acte portant engagement de la part de la Société.

Il reçoit et donne décharge des lettres, télégammes recommandés ou chargés, de mandats postaux et télégraphiques.

Il engage le personnel, le révoque, détermine ses attributions, ses appointements, ses bonifications Il donne tous désistement et mainlevée, avec ou sans paiement. Il fait tous actes conservatoires.

M. Beroud devra consacrer tout son temps et ses soins à la prospérité des affaires sociales sans pouvoir s'occuper directement ou indirectement des choses étrangères à la Société sauf cependant celles de la Société commerciale du Transwaal et de Madagascar dont il s'occupe actuellement.

M. Beroud recevra, à titre de traitement annuel, la somme de 6,000 francs payable mensuellement. Il aura droit en outre à dix pour cent des bénéfices nets.

La durée de la délégation donnée à M. Beroud est de six années à compter du jour de la constitution de la Société; elle pourra être renouvelée ensuite d'une délibération de l'assemblée générale.

En cas de rupture à quelque époque que ce soit, M. Beroud ne pourra pas s'occuper directement ou indirectement d'une industrie similaire à celle de la Société pendant un délai de quinze ans dans toute l'étendue de la France.

TITRE IV

Commissaires.

ART. 29.

Il est nommé chaque année par l'Assemblée générale un ou plusieurs Commissaires, actionnaires ou non, investis des pouvoirs conférés par les articles 32, 33 et 34 de la loi du 24 juillet 1867.

Leurs fonctions dureront une année ; ils sont indéfiniment rééligibles.

Les Commissaires reçoivent une rémunération annuelle fixée par l'Assemblée générale au moment de leur nomination.

TITRE VI

Assemblée générale.

ART. 30.

L'Assemblée générale régulièrement constituée représente l'universalité des Actionnaires.

L'Assemblée générale se réunit chaque année, dans les quatre mois de la clôture de l'exercice, à Lyon, au siège social ou dans tout autre lieu indiqué par le Conseil d'administration dans son avis de convocation.

En outre, elle se réunit extraordinairement toutes les fois que le Conseil d'administration le juge utile aux intérêts de la Société, ou qu'il en est requis par une réunion d'Actionnaires, propriétaires ensemble du tiers du capital social.

Elle se réunit, en outre extraordinairement, sur la convocation du Commissaire, faite conformément à l'article 33 de la loi du vingt-quatre juillet mil huit cent soixante-sept.

ART. 31.

Tout titulaire ou porteur de 20 actions est de droit membre de l'Assemblée.

Tous propriétaires d'un nombre d'actions inférieur à celui ci-dessus déterminé, pourront se réunir pour former le nombre nécessaire et se faire admettre et représenter par l'un d'entre eux à l'Assemblée.

Nul ne peut être porteur de pouvoirs d'Actionnaires s'il n'est Actionnaire lui-même et membre de l'Assemblée, toutefois, l'usufruitier peut se faire représenter par le nu-propriétaire de ses actions, les femmes mariées par leur mari et les mineurs et incapables par leur tuteur.

La forme des pouvoirs est déterminée par le Conseil d'administration pour assister aux Assemblées générales.

ART. 32.

L'Assemblée générale doit conformément à l'article 29 de la loi du 24 juillet 1867, être composée d'un nombre d'Actionnaires représentant au moins le quart du capital social.

Si l'Assemblée générale ne réunit pas ce nombre, une nouvelle Assemblée est convoquée et elle délibère valablement quelle que soit la portion du capital représentée par les Actionnaires présents, mais seulement sur les objets portés à l'ordre du jour de la première Assemblée. Cette deuxième Assemblée doit avoir lieu à quinze jours d'intervalle au moins de la première, mais les convocations ne peuvent être faites que dix jours à l'avance.

ART. 33.

Les convocations aux Assemblées générales sont annoncées par un avis inséré, quinze jours au moins avant l'époque fixée pour la réunion, dans deux journaux se publiant à Lyon. Ce délai pourra être réduit à 10 jours dans le cas d'une seconde réunion.

Les avis de convocation devront toujours faire connaître le but et l'objet de la réunion.

Tant que les actions ne seront pas libérées, il sera adressé en outre un avis de convocation par simple lettre missive à chaque Actionnaire. Après la libération des actions, les propriétaires d'actions au porteur devront, pour avoir le droit d'assister aux Assemblées générales, déposer leurs titres au moins cinq jours à l'avance soit au siège de la Société, soit dans les maisons de banque ou sociétés de crédit désignées par le Conseil d'administration.

Il sera remis à chaque déposant une carte d'admission; cette carte est nominative et personnelle.

ART. 34.

Quinze jours avant la réunion de l'Assemblée générale annuelle, tout Actionnaire peut prendre connaissance au siège social communication de l'inventaire et de la liste des Actionnaires et se faire délivrer copie du bilan résumant l'inventaire et du rapport du Commissaire.

ART. 35.

L'Assemblée est présidée par le Président du Conseil d'administration ou, en cas d'empêchement, par celui de ses membres que le Conseil aura désigné à cet effet.

Les deux plus forts Actionnaires présents à l'ouverture de la séance remplissent les fonctions de scrutateurs et sur leur refus les deux plus forts Actionnaires après eux, jusqu'à acceptation ; le bureau désigne le Secrétaire.

ART. 36.

Dans toutes les Assemblées générales les délibérations seront prises à la majorité des voix des membres présents ou représentés. En cas de partage, la voix du Président est prépondérante.

Il est tenu une feuille de présence, elle contient les noms et domiciles des Actionnaires et le nombre d'actions dont chacun d'eux est porteur. Cette feuille, certifiée par les membres composant le bureau de l'Assemblée, est déposée au siège social et doit être communiquée à tout requérant.

ART. 37.

Les votes sont exprimés à main levée, à moins que le scrutin secret ne soit demandé. Le scrutin secret a lieu lorsqu'il est réclamé par le tiers des membres présents.

Il est compté à chaque Actionnaire autant de voix qu'il a de fois vingt actions, sans toutefois qu'il puisse disposer de plus de vingt voix comme titulaire d'actions et de vingt voix comme mandataire.

ART. 38.

L'ordre du jour est arrêté par le Conseil d'administration, si la convocation a été faite par lui, ou par le Commissaire, si c'est lui qui l'a faite.

Tout Actionnaire qui désire faire une proposition à l'Assemblée générale doit en faire part, au moins dix jours avant la convocation de l'Assemblée générale, au Conseil d'administration qui décide s'il y a lieu d'inscrire la proposition à l'ordre du jour.

Toutefois une proposition signée par des Actionnaires représentant le dixième des actions émises ne peut être écartée de l'ordre du jour par le Conseil.

Aucun autre objet que ceux qui sont portés à l'ordre du jour ne peut-être mis en délibération.

ART. 39.

L'Assemblée générale annuelle, entend et discute les rapports du Conseil d'administration et du Commissaire sur la situation de la société, le bilan et les comptes, les approuve s'il y a lieu.

La délibération portant approbation des comptes est nulle si elle n'a pas été précédée du rapport du Commissaire.

L'Assemblée fixe les dividendes sur la proposition du Conseil d'administration, ainsi que les époques et modes de paiements.

Elle décide et règle les conditions d'amortissements des actions.

Elle nomme les Administrateurs en remplacement de ceux dont les fonctions sont expirées ou qu'il y a lieu de remplacer par suite de décès, démission ou tout autre cause.

Elle désigne le Commissaire-censeur.

Enfin, elle prononce souverainement sur tous les intérêts de la société et elle confère par ses délibérations au Conseil d'administration les pouvoirs nécessaires pour les cas qui n'auront pas été prévus.

ART. 40.

L'assemblée générale convoquée extraordinairement peut :

Augmenter le capital social, en une ou plusieurs fois, en suite de fusion ou alliance avec toutes sociétés, existantes ou en formation, par l'apport de biens en nature faits à la Société, par la création d'actions nouvelles à émettre contre espèces, dont la négociation sera faite par les soins du Conseil d'administration à des conditions qu'il déterminera, par l'application des fonds disponibles des reserves ; enfin par toutes autres causes, quoique non prévues qui seront appréciées souverainement par l'Assemblée générale et à la majorité.

En cas d'augmentation de capital par l'émission d'actions à souscrire en espèces, les possesseurs d'actions anciennes auront un droit de préférence pour la souscription des dites actions au taux fixé par le Conseil d'administration, et dans la proportion de celles par eux possédées.

Diminuer le capital social par la réduction du nombre d'actions ou par tous autres moyens tels que : remboursement d'une fraction de chaque action, l'annulation d'un certain nombre d'actions, l'échange d'actions nouvelles, d'un nombre moindre contre des actions anciennes, le rachat ou l'amortissement complet des actions.

Décider la division de chaque action pour obtenir des titres en un nombre supérieur ou au contraire voter la diminution du nombre de titres par leur réunion.

Apporter à toutes sociétés en formation ou constituées tout ou partie de l'actif social.

Recevoir, en représentation de cet apport, soit des espèces, actions ou obligations, soit des parts de commandite, soit enfin des parts bénéficiaires.

Accepter toutes propositions de fusion de la part de société, en formation ou constituées, déterminer les conditions du traité de fusion.

Décider la prorogation de la Société ou sa dissolution anticipée.

Employer les fonds disponibles à l'extinction du capital social, suivant le mode qu'elle désignera, fixer la nature et la valeur du titre qui sera remis en échange de chaque action amortie.

Apporter aux présents Statuts toutes modifications ou additions dont l'utilité sera reconnue, notamment étendre l'objet social, changer la dénomination de la Société, modifier la répartition des bénéfices, autoriser la création de parts bénéficiaires ; la loi expresse des présents Statuts étant que l'Assemblée générale ait des droits souverains et sans limite pour disposer du fonds social.

Les assemblées générales qui auront à délibérer sur les cas ci-dessus prévus et sur tous ceux qui n'entrent pas dans le cadre des assemblées générales annuelles ne délibéreront valablement qu'autant qu'elles seront composées d'un nombre d'Actionnaires représentant la moitié du capital social.

Si, sur une première convocation, le nombre des actions représentées n'atteignait pas la moitié du capital, le Conseil d'administration, en vue d'une seconde convocation aurait le droit d'abaisser même à une seule le nombre d'actions conférant le droit de participer à l'Assemblée. Mention en serait faite dans les convocations. Dans ce cas chaque Actionnaire aurait autant de voix qu'il représente d'actions par lui-même ou comme mandataire, sans pouvoir toutefois réunir plus de cent voix.

Art. 41.

Les délibérations de l'Assemblée générale, prises conformément aux Statuts, obligent tous les Actionnaires, même les absents, dissidents ou incapables.

Elles sont constatées par des procès-verbaux inscrits sur un registre spécial et signés par les membres ayant composé le bureau de l'Assemblée.

Les justifications à faire vis à vis des tiers, des délibérations des assemblées, résultent de copies ou extraits certifiés conformes par le Président du Conseil d'administration, ou, par deux Administrateurs.

TITRE VII

Etats de Situation — Inventaires et comptes annuels.

Art. 42

L'année commerciale commence le premier janvier et finit le trente et un décembre, le premier exercice comprendra le temps qui s'écoulera de l'époque de la constitution définitive de la Société au trente et un décembre mil huit cent quatre-vingt-dix-neuf.

Chaque semestre, un état résumant la situation active et passive de la Société est dressé par les soins du Conseil d'administration.

Cet état est mis à la disposition du Commissaire.

A l'expiration de chaque année, les comptes sont arrêtés et un inventaire général de l'actif et du passif de la Sociétéest dressé par les soins du Conseil d'administration.

Dans le cas où il résulterait des états sommaires arrêtés le 30 juin de chaque année que la situation des affaires et des bénéfices apparents permettraient la distribution d'un dividende provisoire, une première répartition pourrait avoir lieu sur le dividende annuel en vertu d'une décision du Conseil d'administration.

L'inventaire, le bilan et le compte de profits et pertes sont mis à la disposition du Commissaire le quarantième jour au plus tard avant l'époque fixée pour la réunion de l'Assemblée générale à laquelle ils doivent être présentés.

TITRE VIII

Bénéfices — Fonds de réserve.

Art. 43.

Les produits annuels, après déduction faite de toutes les charges sociales des frais généraux et pertes sur les débiteurs, constituent les bénéfices.

Sur les bénéfices nets, ainsi établis à chaque inventaire, il est d'abord prélevé une somme que le Conseil d'administration jugera souverainement pour amortir tous comptes notamment ceux immobilisés laquelle ne sera jamais inférieure à 10 0/0 des dits comptes.

Sur le surplus et en second lieu il sera prélevé :

1° Cinq pour cent destinés à la réserve légale.

2° La somme nécessaire pour distribuer au actions un dividende de cinq pour cent des capitaux versés et non remboursés ;

Enfin, sur le reliquat, il sera attribué :

10 0/0 pour la Direction générale et la Direction technique ;

10 0/0 au Conseil d'administration :

10 0/0 au fondateur ;

70 0/0 aux Actionnaires.

L'Assemblée générale pourra toujours, sur la proposition du Conseil d'administration, décider :

1° Que le dividende supplémentaire provenant de ces 70 0/0 pourra subir un prélèvement pour une réserve facultative.

2° Que la somme distribuée s'imputera sur le capital social et l'amortira à due concurrence ; à cet effet et pour éviter les amortissements trop minimes.

tout ou partie de la dite somme pourra être mis en réserve pendant un ou plusieurs exercices.

Le prélèvement pour la réserve légale prendra fin lorsqu'elle aura atteint le dixième du capital social, il reprendrait son cours si cette réserve était entamée.

TITRE IX

Dissolution. — Liquidation.

Art. 44.

En cas de perte de moitié du capital social, le Conseil d'administration est tenu, dans les termes de l'article 37 de la loi du 24 juillet 1867, de convoquer l'Assemblée générale de tous les Actionnaires, à l'effet de délibérer sur l'opportunité d'une dissolution anticipée de la Société.

Les résolutions de l'Assemblée générale concernant cette délibération seront rendues publiques.

Art. 45.

A la dissolution comme à l'expiration de la Société, l'Assemblée générale détermine, sur la proposition du Conseil d'administration, le mode de liquidation et nomme un ou plusieurs liquidateurs pris parmi les membres du Conseil d'administration ou au dehors.

Art. 46.

Pendant la liquidation comme durant l'existence de la Société, l'être moral subsiste et demeure seul propriétaire jusqu'à la liquidation complète de tous les biens meubles, immeubles et autres valeurs dépendant de la Société, lesquels, en conséquence, ne peuvent jamais être considérés comme étant la propriété des Actionnaires pris individuellement.

Les pouvoirs de l'Assemblée générale se continuent pendant la liquidation et jusqu'à l'apurement des comptes, elle autorise notamment le liquidateur à faire le transfert à une Société des droits, actions et obligations de la Société dissoute, contre des espèces, obligations, actions ou parts bénéficiaires.

La nomination des liquidateurs met fin au pouvoir des Administrateurs ou de tous mandataires.

Art. 47.

Les liquidateurs sont investis des droits et pouvoirs les plus étendus pour réaliser l'actif social, mobilier et immobilier, sans formalité de justice, alors même qu'il y aurait parmi les intéressés, des mineurs, interdits ou autres incapables.

Ils pourront aussi et dans les mêmes conditions faire apport total ou partiel du dit actif à une Société en formation ou constituée et recevoir le prix en espèces, actions, obligations, part bénéficiaire ou de commandite.

Ils reçoivent toutes les sommes dues à la Société et acquittent toutes celles qu'elle peut devoir en capitaux, intérêts et accessoires.

Ils représentent la Société vis à vis des tiers, assurent et exécutent les décisions de l'Assemblée générale.

Ils exercent, tant en demandant qu'en défendant, toutes poursuites, plaident, interjettent appel de toutes décisions judiciaires, consentent tous désistements et main levées avec ou sans paiement.

Ils traitent, transigent, compromettent en tout état de cause.

Et généralement ils font tout ce qui est nécessaire à la liquidation et à ses suites et besoins, sans aucune exception ni réserve.

A ces effets, ils passent et signent tous actes et sous leur responsabilité personnelle, se substituent, par toutes personnes, par mandats spéciaux et pour objets déterminés.

Art. 48.

A moins que l'Assemblée générale ne précise un mode particulier de liquidation, les liquidateurs doivent avec les sommes provenant de la réalisation de l'actif et celles constituant les fonds de réserves légales de prévoyance et d'amortissement :

1° Acquitter le passif entre les tiers ;

2° Payer les frais privilégiés de liquidation ;

3° Rembourser aux Actionnaires, et proportionnellement à leurs droits respectifs, le montant de leurs actions non amorties ;

4° Faire le partage des fonds de réserve légale de prévoyance et d'amortissement entre tous les actionnaires d'après le nombre des actions possédées par chacun d'eux :

5° Et répartir le surplus de l'actif :
10 0/0 aux Administrateurs en exercice ;
90 0/0 aux Actionnaires.

TITRE X

Contestations et poursuites.

Art. 49.

Dans le cas de contestations, tout Actionnaire devra faire élection de domicile à Lyon et toutes notifications, significations et assignations seront valablement faites au domicile par lui élu, sans avoir égard à la distance du domicile réel.

A défaut d'élection de domicile, cette élection aura lieu de plein droit, pour les notifications judiciaires au Parquet de M. le Procureur de la République près le Tribunal de première instance de Lyon.

Le domicile élu, formellement ou implicitement, comme il vient d'être dit, entraînera attribution de juridiction aux Tribunaux compétents de Lyon.

De convention expresse, aucun Actionnaire ne pourra intenter une demande en justice contre la Société ou contre les Administrateurs, même au cas où il s'agirait de nullité des délibérations prises par l'Assemblée générale, ou d'une demande en nullité ou dissolution anticipée sans que cette demande ait été préalablement déférée à l'Assemblée générale des Actionnaires dont l'avis devra être soumis aux Tribunaux compétents en même temps que la demande elle-même.

TITRE XI

Constitution de la Société.

Art. 50.

Les frais de constitution de Société, ceux de premier établissement, les frais d'émission du capital social ou des augmentations successives seront portés à un compte spécial dénommé « Frais de 1er établissement » qui sera amorti aussitôt que possible suivant décision du Conseil d'administration et avant tout partage de bénéfices. L'importance de ces frais sera déterminée par le Conseil d'administration, sans qu'il y ait lieu de les soumettre à l'approbation de l'Assemblée générale.

La première Assemblée générale constitutive pourra être réunie cinq jours après la déclaration de souscription du capital et le versement du premier quart, par simple lettre. la seconde Assemblée dix jours après l'impression du rapport du Commissaire nommé par la première Assemblée pour faire le rapport sur les apports du fondateur et les avantages stipulés à son profit.

En cas de fusion avec d'autres Sociétés, comme il est dit aux cours des présents Statuts, le délai pour la convocation des Assemblées générales d'Actionnaires sera de huit jours.

Art. 51.

Tous pouvoirs sont donnés au porteur des pièces pour opérer le dépôt légal et la publiction des présent Statuts.

Fait, en quatre originaux, dont deux pour les publications, à Lyon, le dix septembre 1898.

26903. — Lyon, imprimerie du *Salut Public*, rue Molière, 71.

INDUSTRIE DE LA PERLE DE VERRE

" LA PERLE FRANÇAISE "

Société anonyme au Capital de 360.000 Francs

STATUTS

LYON
IMPRIMERIE ET LITHOGRAPHIE DU SALUT PUBLIC
71, rue Molière, 71.

1901

INDUSTRIE DE LA PERLE DE VERRE

“ LA PERLE FRANÇAISE ”

Société anonyme au Capital de 360.000 Francs

STATUTS

LYON

IMPRIMERIE ET LITHOGRAPHIE DU SALUT PUBLIC

71, rue Molière, 71.

1901

INDUSTRIE DE LA PERLE DE VERRE

" LA PERLE FRANÇAISE "

Le soussigné :

M. Léon BERNARD, liquidateur près le Tribunal de Commerce de Lyon, demeurant en la dite ville, rue de l'Hôtel-de-Ville, 34,

agissant en qualité de liquidateur de la Société anonyme : **Industrie de la Perle de verre, « La Perle Française »**, société anonyme au capital de 800.000 francs, dont le siège est à Lyon, rue du Garet, n° 4, nommé à ces fonctions par délibération des actionnaires, réunis en Assemblée générale, le 4 avril 1901, dont extrait demeure annexé aux présentes.

A établi ainsi qu'il suit les statuts de la Société anonyme qu'il se propose de fonder :

STATUTS

TITRE PREMIER

Formation. — Dénomination. — Objet. — Siège. — Durée.

Article premier

Il est formé entre les titulaires, les souscripteurs et les personnes qui deviendront successivement propriétaires des actions ci-après créées, une Société anonyme qui sera régie par les lois des 24 juillet 1867, 1er août 1893 et les présents statuts.

Elle prend la dénomination de :

INDUSTRIE DE LA PERLE DE VERRE " la Perle Française "

2

ARTICLE 2.

La Société a pour objet la fabrication et la vente de la Perle et de tous les articles similaires et accessoires et généralement tout ce qui se rattache directement ou indirectement à ce genre d'industrie et à l'emploi de la perle.

ARTICLE 3.

Le siège de la Société sera à Villeurbanne, chemin de la Bouteille. Il pourra être transféré dans tout autre local de la dite commune ou à Lyon, sur simple décision du Conseil d'administration.

ARTICLE 4.

La durée de la Société est fixée à cinquante années à compter du jour de sa constitution définitive, sauf les cas de dissolution anticipée ou de prorogation prévus à l'article 42.

TITRE II

Apports. — Capital social. — Attributions.

ARTICLE 5.

M. BERNARD, ès-qualité, fait apport à la Société de tous les biens mobiliers et immobiliers, quelle que soit leur étendue et leur consistance, sans exception ni réserve, qui constituent l'actif de la Société : Industrie de la Perle de verre « la Perle française », actuellement dissoute.

Ces biens consistent en :

1° Une usine servant à la fabrication de la perle de verre, située à Villeurbanne, chemin de la Bouteille. La dite usine limitée au nord, par la ligne du chemin de fer de l'Est de Lyon à Saint-Genis-d'Aoste et la propriété Toeffert; à l'ouest, par propriété Donouille; à l'est, par propriété Verger et par le chemin de la Bouteille, tel que le tout s'étend poursuit et comporte ensemble tous accessoires, aisances et dépendances, communautés, mitoyennetés sans que la désignation qui précède soit limitative des biens apportés qui comprennent tous ceux que possède la « Perle Française », qui servent à l'exploitation de son industrie, sans exception ni réserve; le tout représente une superficie de treize mille cinq cent vingt-trois mètres carrés.

2° Le matériel et outillage, immeubles par destination servant à l'exploitation de l'usine, sauf les machines à enfiler et leurs accessoires qui sont la propriété de MM. Mermet et Ulibari ;

3° Les marchandises fabriquées ou en cours de fabrication qui se trouvent dans l'usine ou en dépôt chez des clients ;

4° Les sommes pouvant être dues au 15 mai à la Société en liquidation pour quelque cause que ce soit ;

5° Les fonds de commerce comprenant :

La clientèle et l'achalandage, les procédés de fabrication, les marques de fabrique.

6° Les meubles meublant et objets mobiliers garnissant les bureaux de l'usine de Villeurbanne.

7° Le bénéfice du traité intervenu pour l'enfilage des perles.

Un état détaillé des marchandises, un autre état des créances et un troisième état des meubles meublant ont été dressés et certifiés ils sont annexés au double des statuts qui seront déposés à l'appui de la déclaration notariée de souscription et de versement.

ORIGINE DE PROPRIÉTÉ

L'origine de propriété forme une annexe aux présentes qui ne fait qu'une avec elles.

CLAUSES ET CONDITIONS

La nouvelle Société « Industrie de la Perle de Verre, la Perle française » sera propriétaire des apports ci-dessus détaillés le jour de sa constitution définitive, elle entrera en possession le même jour et aura la jouissance à partir du 15 mai 1901.

1° La Société en formation prendra les apports tels qu'il se poursuivent et comportent sans aucune exception ni réserve et sans aucune répétition contre l'apporteur pour raison, soit de mauvais état des constructions, vices apparents ou cachés des constructions et installations, soit d'erreur dans la désignation ou dans les contenances ; toute différence en plus ou en moins excédât-elle le vingtième, sera au profit ou préjudice de la Société nouvelle.

En ce qui concerne les créances à recouvrer, la Société nouvelle en fera le recouvrement à ses risques et périls et sans recours contre la Société apporteur, l'apport des dites créances étant fait à forfait et sans aucune garantie quelconque, et la Société nouvelle étant purement et simplement substituée dans tous les droits e obligations de la Société apporteur ;

2° La Société profitera des servitudes actives et supportera celles passives, le tout à ses risques et périls et sans recours contre l'apporteur, celui-ci déclarant ne pas avoir créé de servitudes sur les propriétés ;

3° La Société paiera, à compter de son entrée en jouissance, tous impôts fonciers, contributions, patentes et autres charges pouvant grever les biens apportés ;

4° Elle continuera toutes polices d'assurances contre les incendies et les accidents et en paiera les primes à compter de son entrée en jouissance ;

5° La Société nouvelle s'entendra, à ses risques et périls, avec tous les créanciers de la Société dissoute pour faire les règlements et paiements de ce passif pris en charge par elle et elle ne pourra exercer aucun recours contre la Société apporteur ;

6° La Société en formation paiera le dit passif aux dates d'exigibilité résultant des titres ou des conventions intervenues ainsi que tous intérêts en cours qui pourraient être dus sur le dit capital.

7° Enfin, la Société en formation acquittera les frais des présents statuts et de la constitution de la présente Société ainsi que toutes les formalités de transcription et autres à accomplir pour la transmission régulière des biens apportés.

Les biens apportés sont estimés savoir :

1° Les biens immobiliers y compris le matériel et l'outillage, immeubles par destination (nos 1 et 2 des apports) à la somme de cent cinquante six mille six cent quatre-vingt-huit francs soixante-cinq centimes ; ci. .	156.688 65
2° Les marchandises fabriquées ou en cours de fabrication, suivant état (n° 3 des apports) à la somme de cent quarante deux mille, huit cent soixante-onze francs, trente-cinq centimes.	142.871 35
3° Les débiteurs suivant état (n° 4 des apports) fixé à forfait à la somme de dix-sept mille cinq cents francs.	17.500 »
4° Le fonds de commerce et le traité pour l'enfilage des perles (art. 5 et 7 des apports) évalués à la somme de six mille cinq cents francs	6.500 »
5° Les meubles meublants (art. 6 des apports) évalués à la somme de deux mille cinq cents francs, suivant état	2.500 »
6° Quarante-huit actions de la Manufacture Lyonnaise de couronnes, évaluées dix-sept cents francs.	1.700 »
Total	327.760 »

En représentation de ces apports il est attribué à M. Bernard, es-dite qualité.

1° Cent vingt-quatre actions, entièrement libérées, de cinq cents francs chacune, formant une somme de soixante-deux mille francs . . . . 62 000 »

2° Une part de cinquante pour cent dans les bénéfices net, tels qu'ils sont établis à l'art. 40. La valeur de cette part est fixée pour la perception des droits d'enregistrement à la somme de mille sept cents francs. . . . . 1.700 »

La Société nouvelle sera, en outre, tenue de payer :

1° La dette résultant d'une ouverture de crédit, avec affectation hypothécaire s'élevant à la somme de deux cent mille francs . . . . 200.000 »

2° La somme due aux créanciers, s'élevant à soixante-quatre mille soixante francs. 64.060 »

Ensemble . . . . . 327.760 »

Les cent vingt-quatre actions libérées formant soixante deux mille francs, s'appliquent spécialement à la valeur des immeubles par nature et par destination ; elles resteront attachées à la souche pendant deux ans.

Article 6

Le Capital social est fixé provisoirement à la somme de trois cent soixante mille francs, représentés par sept cent vingt actions de cinq cents francs chacune dont cent vingt-quatre ont été attribuées au fondateur et cinq cent quatre-vingt-seize à souscrire en numéraire. Il pourra être augmenté de deux cent mille francs, en une ou plusieurs fois, par simple décision du Conseil d'administration, qui fixera les conditions des émissions. Cette augmentation pourra se faire au moyen d'apports en nature ou en espèces.

En cas d'augmentation du capital social par l'émission d'actions à souscrire en espèces, les propriétaires d'actions existantes auront, à la souscription des actions nouvelles, un droit proportionnel de préférence dont l'exercice sera réglé par le Conseil d'administration.

Article 7

Les actions sont payables : un quart en souscrivant et les trois autres quarts aux époques qui seront fixées par le Conseil d'administration.

Les appels de fonds seront portés à la connaissance des Actionnaires par simple lettre, quinze jours avant l'époque fixée pour chaque versement.

Le premier versement de cent vingt-cinq francs sera constaté par un titre nominatif provisoire. Il sera fait sur ce titre mention des versements effectués ultérieurement et successivement. Lors du dernier versement, le titre provisoire sera échangé contre un titre définitif qui sera nominatif ou au porteur, au gré de l'Actionnaire.

Article 8

A défaut de versement par les Actionnaires, aux époques déterminées, l'intérêt de la somme due courra, de plein droit, au taux de cinq pour cent l'an, à compter du jour de l'exigibilité et sans demande en justice.

L'Actionnaire qui n'aurait pas libéré ses actions dans le mois qui suivrait l'époque indiquée, pourra être contraint au paiement par tous les moyens de droit et par la vente de ses actions, qui s'opérera, à ses risques et périls, à la Bourse de Lyon, par le ministère d'un agent de change si les actions sont cotées, et dans le cas contraire, en banque ou aux enchères par le ministère d'un notaire.

Cette vente pourra être faite en masse ou en détail, soit un même jour, soit à des époques successives, après un avis inséré dans deux journaux quotidiens d'annonces légales de la ville de Lyon, un mois avant la vente et indiquant les numéros des actions en retard de libération. Il sera adressé, par lettre recommandée, à son dernier domicile connu, à l'Actionnaire en retard, une mise en demeure de remplir son engagement. Il n'est besoin d'aucune autorisation judiciaire ni d'aucune mise en demeure personnelle autre que celle contenue dans la lettre recommandée ci-dessus mentionnée et sans égard pour les délais de distance.

Les titres provisoires des actions vendues deviendront nuls de plein droit. En conséquence, tous titres qui auront été compris dans l'avis de vente sus-énoncé ne pourront être admis à négociation ou à transfert.

Il est délivré aux acquéreurs de nouveaux titres avec les mêmes numéros et une mention de duplicata.

La Société imputera le prix à provenir de la vente sur les frais, puis sur les intérêts et le capital et conservera son droit pour le recouvrement de ce qui restera dû.

L'excédent du prix de vente, s'il y en a, appartiendra au titulaire dépossédé ; s'il y a déficit, au contraire, l'Actionnaire exproprié sera tenu de la différence et la Société conservera pour la somme restant due, l'action personnelle et de droit commun contre les retardataires et leurs garants. Les mesures autorisées par le présent article ne feront pas obstacle à l'exercice simultané par la Société de tous les moyens de droit contre tous les Actionnaires défaillants.

Tout titre d'action qui ne portera pas la mention régulière des versements qui auraient dus être opérés cessera d'être admis à la négociation et au transfert et aucun dividende ne lui sera payé.

Article 9

Les actions seront extraites d'un registre à souche, revêtues d'un numéro d'ordre, frappées du timbre de la Société et signées par deux Administrateurs.

Les actions nominatives sont représentées par les certificats nominatifs, indiquant les nom, prénoms et domicile des titulaires et constatant pour chaque Actionnaire, le nombre d'actions qu'il possède.

Ces certificats sont extraits d'un registre à souche, revêtus d'un numéro d'ordre, signés de deux membres du Conseil d'administration et frappés du timbre sec de la Société.

Article 10

La cession des actions au porteur s'opère par la simple tradition du titre.

Celle des titres nominatifs par une déclaration de transfert inscrite sur les registres de la Société.

Toute demande de transfert devra être accompagnée d'une feuille de transfert signée par le cédant et d'une feuille d'acceptation de transfert signée par le cessionnaire.

La Société peut exiger que la signature des parties ou de leur mandataire soit certifiée par un agent de change ou un officier public.

Les titres sur lesquels les versements échus ont été effectués sont seuls admis au transfert.

Tous les frais résultant du transfert sont mis à la charge du cessionnaire.

Le certificat du cédant est alors annulé et il est délivré un ou plusieurs certificats nouveaux aux noms du ou des cessionnaires.

Les actions nominatives peuvent être converties en actions au porteur et réciproquement. Cette conversion s'opère sur la demande écrite de l'Actionnaire contre la remise du certificat nominatif ou des actions au porteur et à ses frais. Le Conseil d'administration règle les formes de l'opération.

ARTICLE 11

Chaque action est indivisible à l'égard de la Société qui ne reconnaît qu'un seul propriétaire pour chaque action.

Les co-propriétaires indivis d'une action ou les ayants droit à n'importe quel titre sont tenus de se faire représenter par un seul d'entre eux, au nom duquel l'action doit être inscrite si le titre est nominatif.

Les usufruitiers et nu-propriétaires devront également se faire représenter par un seul d'entre eux et la Société ne reconnaît que l'usufruitier pour toutes les communications à faire à l'Actionnaire.

ARTICLE 12

Chaque action donne droit sans distinction :

A une part égale dans la propriété du fonds social et dans les bénéfices tels qu'ils sont fixés par l'article 40.

Elle donne encore l'exercice de tous les droits et soumet à toutes les prescriptions de la loi et aux obligations résultant des Statuts et des modifications qui pourront y être apportées dans la suite.

La possession d'une action emporte de plein droit adhésion aux Statuts de la Société et aux décisions de l'Assemblée générale.

Les droits et obligations attachés à l'action suivent le titre, dans quelque main qu'il passe.

ARTICLE 13

La Société ne sera pas dissoute par le décès, l'interdiction ou la déconfiture d'un ou de plusieurs actionnaires.

Les héritiers ou créanciers d'un Actionnaire ne peuvent, sous quelque prétexte que ce soit, provoquer l'apposition des scellés sur les biens et valeurs de la Société, ni demander le partage ou la licitation, ni s'immiscer en aucune manière dans son administration ; ils doivent, pour l'exercice de leurs droits, s'en rapporter aux inventaires sociaux et aux délibérations de l'Assemblée générale.

ARTICLE 14

En cas de perte d'un titre nominatif, l'Actionnaire doit faire signifier à la Société une opposition au paiement des dividendes et au remboursement du capital.

Lorsqu'il aura justifié de ses droits, l'Actionnaire dépossédé pourra exiger le paiement des intérêts ou dividendes échus et un duplicata de son titre qui annule l'ancien.

En cas de perte d'un titre mixte ou au porteur, l'Actionnaire devra suivre les prescriptions de la loi du 15 juin 1872.

Article 15

Les intérêts, dividendes et amortissements sont régulièrement et valablement payés au porteur des titres ou des coupons. Après l'approbation des inventaires annuels en Assemblée générale, les bénéfices sont acquis définitivement à tous et non sujets à rapport.

Les intérêts, dividendes, qui n'ont pas été touchés dans les cinq années de l'époque de l'exigibilité, sont définitivement acquis à la Société, conformément à l'art. 2277 du Code civil.

Article 16

Les Actionnaires ne sont tenus, même à l'égard des tiers, que jusqu'à concurrence du montant de leurs actions.

Ils ne peuvent être soumis à aucun appel de fonds ni à aucune restitution d'intérêt ou de dividende régulièrement perçus.

TITRE III

Obligations.

Article 17.

Il pourra être créé ou émis des obligations avec ou sans garantie hypothécaire.

L'Assemblée générale, sur la proposition du Conseil d'administration, déterminera le montant et le mode des emprunts, le prix d'émission, l'intérêt et le mode de remboursement.

TITRE IV

Conseil d'administration. — Administration.

Article 18.

La Société est administrée par un Conseil d'administration composé de cinq membres au moins et de neuf membres au plus.

Les Administrateurs sont nommés par l'Assemblée générale des Actionnaires et pris parmi les associés.

Le nombre des membres du Conseil d'administration pourra être augmenté ou diminué par une décision de l'Assemblée générale ordinaire, sur la proposition du Conseil en fonctions.

Les fonctions des Administrateurs ont une durée de six ans.

Lorsque ces fonctions seront expirées le premier Conseil sera soumis en entier à la réélection, ensuite il sera renouvelé par la sortie d'un ou de plusieurs membres chaque année en alternant s'il y a lieu. Les membres sortants seront désignés par le sort pour les premières années et ensuite par ancienneté, le renouvellement devant être complet dans chaque période de six années.

Le Conseil peut se compléter jusqu'au nombre maximum ci-dessus indiqué et pourvoir au remplacement de tout Administrateur en cas de vacance par décès, démission ou autre cause. Ces nominations faites à titre provisoire sont soumises à la confirmation de la plus prochaine Assemblée générale.

L'Administrateur nommé en remplacement d'un autre dont le mandat n'est pas expiré ne demeure en fonctions que pendant le temps restant à courir de l'exercice de son prédécesseur.

Les membres du Conseil d'administration sont toujours rééligibles.

Article 19.

Du jour où ils entrent en fonctions, les Administrateurs doivent être chacun propriétaire de trente actions de la Société. Ces actions demeurent affectées, par privilège, à la garantie de leur gestion. Elles sont inaliénables pendant la durée de leurs fonctions, frappées d'un timbre indiquant l'inaliénabilité et déposées dans la caisse sociale.

L'Administrateur sortant ou démissionnaire ne peut disposer de ses actions que dans le mois de l'Assemblée générale qui aura approuvé les comptes et s'il n'y a pas d'opposition.

ARTICLE 20.

Les membres du Conseil d'administration ne contractent en raison de leurs fonctions aucune obligation personnelle relativement aux engagements de la Société.

Ils ne répondent que de l'exécution de leur mandat.

ARTICLE 21.

Le Conseil a droit au prélèvement sur les bénéfices déterminés dans l'article 40 et à des jetons de présence dont l'importance sera fixée par l'Assemblée générale des Actionnaires. Le chiffre ainsi déterminé sera maintenu jusqu'à décision contraire d'une autre Assemblée générale. Le Conseil répartit entre ses membres de la façon qu'il juge convenable les avantages fixes et proportionnels qui lui sont attribués.

ARTICLE 22.

Il est interdit aux Administrateurs de prendre ou de conserver un intérêt direct ou indirect, dans une entreprise ou un marché fait avec la Société ou pour son compte, à moins qu'il n'y soit autorisé par l'Assemblée générale.

Il est, chaque année, rendu, à l'Assemblée générale, un compte spécial de l'exécution des entreprises par elle autorisées.

Les Administrateurs ont la faculté de s'intéresser et s'engager dans des affaires où la Société aurait elle-même des intérêts, ils peuvent dans toutes opérations faites par la Société avec des tiers ou sociétés, être participants.

ARTICLE 23.

Le Conseil d'administration nomme chaque année son Président et son Secrétaire, lesquels pourront toujours être réélus.

En cas d'absence du Président, le Conseil désigne pour chaque séance, celui de ses membres présents qui doit en remplir les fonctions.

En cas d'absence du Secrétaire les fonctions sont dévolues au plus jeune des membres présents.

Les Administrateurs appelés à remplir temporairement les fonctions de

Président et de Secrétaire exercent pendant ce temps tous les droits attachés à ces fonctions.

Le Président est chargé de faire les convocations du Conseil d'administration qui, dans la mesure du possible, devront indiquer les questions à l'ordre du jour. Il fait exécuter les décisions arrêtées par le Conseil.

Le Conseil d'administration se réunit au siège social ou dans toute autre lieu qu'il désigne, aussi souvent que l'intérêt de la Société l'exige.

La présence effective de trois membres, si le Conseil est composé de cinq membres, et de quatre membres si le Conseil est composé d'un nombre supérieur à cinq membres, est nécessaire pour la validité de ses délibérations.

Les noms des membres présents sont inscrits en tête du procés-verbal de chaque séance.

Les décisions sont prises à la majorité des voix des membres présents; en cas de partage la voix du Président est prépondérante ; nul ne peut voter par procuration.

Les délibérations sont constatées par des procès-verbaux inscrits sur un registre spécial et signé par le Président et tous les Administrateurs présents, ainsi que par le Secrétaire.

Les copies ou extraits de ces délibérations, à produire en justice ou ailleurs sont certifiés par le Président ou par deux Administrateurs.

Article 24.

Le Conseil d'administration est investi des pouvoirs les plus étendus pour la gestion et l'administration des affaires et des biens de la Société, avec le droit de statuer et d'agir soit par lui-même, soit par délégué ou mandataire; il a notamment les pouvoirs suivants qui sont énonciatifs et non limitatifs.

Il reçoit les sommes qui peuvent être dues à la Société, donne toutes quittances ou décharges.

Il passe tous marchés et prend tous engagements à cet égard.

Il signe ou accepte tous billets, traites, lettres de change, endos et effets de commerce, il cautionne et avalise.

Il détermine le placement des fonds disponibles et règle l'emploi des réserves de toute nature.

Il autorise tous retraits, transferts, transports, conversions, aliénations de fonds, rentes, créances, annuités, biens et valeurs quelconques, appartenant à la Société avec ou sans garantie.

Il nomme ou révoque tous mandataires, employés ou agents, détermine leurs attributions, leurs traitements, salaires et gratifications, soit d'une manière fixe, soit autrement.

Il donne tous désistements de privilèges, hypothèques, actions résolutoires

Il consent toutes mainlevées de saisies mobilières ou immobilières, d'oppositions, saisies-arrêts ou d'inscriptions hypothécaires, et généralement de tous droits et actions pouvant bénéficier à la Société et à quel titre que ce soit, le tout avec ou sans paiement.

Il consent toutes antériorités et préférences d'hypothèques et toutes mentions et subrogations.

Il autorise toutes instances judiciaires, soit en demandant, soit en défendant.

Il traite, transige, compromet sur tous les intérêts de la Société.

Il fixe les dépenses générales d'administration.

Il autorise tous achats, ainsi que toutes ventes et échanges, même d'immeubles.

Il consent tous traités, marchés, soumissions et entreprises à forfait ou autrement, et contracte, à l'occasion de toutes opérations, tous engagements et obligations.

Il consent et accepte tous baux, avec ou sans promesse de vente.

Il vend et achète tous biens, tant mobiliers qu'immobiliers.

Il peut déléguer et transporter tous loyers et redevances, échus ou à échoir.

Il peut faire les emprunts nécessaires à l'exploitation de l'industrie, sans que ces emprunts puissent ensemble dépasser la somme de 200.000 fr.

Il peut faire toutes délégations, donner et accepter tous gages, nantissements et autres garanties mobilières, de quelque nature qu'elles soient.

Il peut accepter en paiement toutes annuités et délégations.

Il convoque les Assemblées générales aux époques fixées par les Statuts et extraordinairement s'il le juge utile.

Il arrête les comptes qui doivent être soumis à l'Assemblée générale, fait un rapport sur ces comptes et sur la situation des affaires sociales.

Il propose la fixation des dividendes à répartir.

Il élit domicile partout où besoin est.

Enfin, il statue sur tous les intérêts qui rentrent dans l'administration de la Société.

Le Conseil d'administration représente la Société en justice tant en demandant qu'en défendant.

Les pouvoirs qui viennent d'être conférés au Conseil d'administration sont énonciatifs et non limitatifs de ses droits.

ARTICLE 25

Le Conseil d'administration peut déléguer ses pouvoirs à un ou plusieurs de ses membres et même à une ou plusieurs personnes étrangères à la Société ; mais dans ce dernier cas, pour des objets déterminés seulement. Il peut nommer aussi un ou plusieurs Directeurs.

Il est autorisé à donner des appointements fixes ou proportionnels à un ou plusieurs de ses membres ou Directeurs, de même que des indemnités pour missions ou mandat spécial.

Il peut aussi délivrer des procurations générales ou particulières.

TITRE IV

Commissaires.

ARTICLE 26.

Il est nommé chaque année par l'Assemblée générale un ou plusieurs Commissaires, actionnaires ou non, investis des pouvoirs conférés par les articles 32, 33 et 34 de la loi du 24 juillet 1867.

Les fonctions durent une année ; ils sont indéfiniment rééligibles.

Les Commissaires reçoivent une rémunération annuelle fixée par l'Assemblée générale au moment de leur nomination.

TITRE V

Assemblée générale.

ARTICLE 27.

L'Assemblée générale régulièrement constituée représente l'universalité des Actionnaires.

L'Assemblée générale se réunit chaque année, dans les quatre mois de la clôture de l'exercice, au siège social ou dans tout autre lieu indiqué par le Conseil d'administration dans son avis de convocation.

En outre, elle se réunit extraordinairement toutes les fois que le Conseil d'administration le juge utile aux intérêts de la Société, ou qu'il en est requis par une réunion d'Actionnaires, propriétaires ensemble du tiers du capital social.

Elle se réunit, en outre extraordinairement, sur la convocation du Commissaire, faite conformément à l'article 33 de la loi du 24 juillet 1867.

ARTICLE 28.

Tout titulaire ou porteur de 10 actions est de droit membre de l'Assemblée.

Tous propriétaires d'un nombre d'actions inférieur à celui ci-dessus déterminé, pourront se réunir pour former le nombre nécessaire et se faire admettre et représenter par l'un d'entre eux à l'Assemblée.

Nul ne peut être porteur de pouvoirs d'Actionnaires s'il n'est Actionnaire lui-même et membre de l'Assemblée, toutefois, l'usufruitier peut se faire représenter par le nu-propriétaire de ses actions, les femmes mariées par leur mari et les mineurs et incapables par leur tuteur.

La forme des pouvoirs est déterminée par le Conseil d'administration.

ARTICLE 29.

L'Assemblée générale doit, conformément à l'article 29 de la loi du 24 juillet 1867, être composée d'un nombre d'Actionnaires représentant au moins le quart du capital social.

Si l'Assemblée générale ne réunit pas ce nombre, une nouvelle Assemblée est convoquée et elle délibère valablement quelle que soit la portion du capital représentée par les Actionnaires présents, mais seulement sur les objets portés à l'ordre du jour de la première Assemblée. Cette deuxième Assemblée devra avoir lieu à quinze jours d'intervalle au moins de la première, mais les convocations peuvent n'être faites que dix jours à l'avance.

ARTICLE 30.

Les convocations aux Assemblées annuelles sont annoncées par un avis inséré, quinze jours au moins avant l'époque fixée pour la réunion, dans un journal se publiant à Lyon. Ce délai pourra être réduit à dix jours dans le cas d'une seconde réunion. Pour les Assemblées extraordinaires, le délai de convocation est réduit à dix jours.

Les avis de convocation devront toujours faire connaître le but et l'objet de la réunion.

Tant que les actions ne seront pas libérées, il sera adressé en outre un avis de convocation par simple lettre missive à chaque Actionnaire. Après la libération des actions, les propriétaires d'actions au porteur devront, pour avoir le droit d'assister aux Assemblées générales, déposer leurs titres au moins trois jours à l'avance, soit au siège de la Société, soit dans les maisons de banque ou sociétés de crédit désignées par le Conseil d'administration.

Il sera remis à chaque déposant une carte d'admission ; cette carte est nominative et personnelle.

Article 31

Quinze jours avant la réunion de l'Assemblée générale annuelle, tout Actionnaire peut prendre au siège social connaissance et communication de l'inventaire et de la liste des Actionnaires et se faire délivrer copie du bilan résumant l'inventaire et du rapport du Commissaire.

Article 32

L'Assemblée est présidée par le Président du Conseil d'administration ou, en cas d'empêchement, par celui de ses membres que le Conseil aura désigné à cet effet.

Les deux plus forts Actionnaires présents à l'ouverture de la séance rempliront les fonctions de scrutateurs et sur leur refus les deux plus forts Actionnaires après eux, jusqu'à acceptation ; le bureau désigne le Secrétaire.

Article 33

Dans toutes les Assemblées générales les délibérations seront prises à la majorité des voix des membres présents ou représentés. En cas de partage, la voix du Président est prépondérante.

Il est tenu une feuille de présence, elle contient les nom et domicile des Actionnaires et le nombre d'actions dont chacun d'eux est porteur. Cette feuille, certifiée par les membres composant le bureau de l'Assemblée, est déposée au siège social et doit être communiquée à tout requérant.

Article 34

Les votes sont exprimés à main levée, à moins que le scrutin secret ne soit demandé. Le scrutin secret a lieu lorsqu'il est réclamé par le tiers des membres présents.

Il est compté à chaque Actionnaire autant de voix qu'il a de fois dix actions, sans toutefois qu'il puisse disposer de plus de dix voix comme titulaire d'actions et de dix voix comme mandataire.

ARTICLE 35

L'ordre du jour est arrêté par le Conseil d'administration, si la convocation a été faite par lui, ou par le Commissaire, si c'est lui qui l'a faite.

Tout Actionnaire qui désire faire une proposition à l'Assemblée générale doit en faire part, au moins dix jours avant la convocation de l'Assemblée générale, au Conseil d'administration qui décide s'il y a lieu d'inscrire la proposition à l'ordre du jour.

Toutefois une proposition signée par des Actionnaires représentant le dixième des actions émises ne peut être écartée de l'ordre du jour par le Conseil.

Aucun autre objet que ceux qui sont portés à l'ordre du jour ne peut être mis en délibération.

ARTICLE 36

L'Assemblée générale annuelle, entend et discute les rapports du Conseil d'administration et du Commissaire sur la situation de la Société, le bilan et les comptes, les approuve s'il y a lieu.

La délibération portant approbation des comptes est nulle si elle n'a pas été précédée du rapport du Commissaire.

L'Assemblée fixe les dividendes sur la proposition du Conseil d'administration, ainsi que les époques et modes de paiements.

Elle décide et règle les conditions d'amortissement des actions.

Elle nomme les Administrateurs en remplacement de ceux dont les fonctions sont expirées ou qu'il y a lieu de remplacer par suite de décès, démission ou toute autre cause.

Elle désigne le Commissaire-censeur.

Enfin, elle prononce souverainement sur tous les intérêts de la Société et elle confère par ses délibérations au Conseil d'administration les pouvoirs nécessaires pour les cas qui n'auront pas été prévus.

L'Assemblée générale annuelle peut être ordinaire ou extraordinaire, si elle réunit les conditions de validité nécessaire.

ARTICLE 37

L'Assemblée générale convoquée extraordinairement peut :

Augmenter le capital social, en une ou plusieurs fois, en suite de fusion ou alliance avec toutes sociétés, existantes ou en formation, par l'apport de biens en nature faits à la Société, par la création d'actions nouvelles à émettre contre espèces, dont la négociation sera faite par les soins du Conseil d'administration à des conditions qu'il déterminera, par l'application des fonds disponibles des réserves ; enfin par toutes autres causes, quoique non prévues, qui seront appréciées souverainement par l'Assemblée générale et à la majorité.

En cas d'augmentation de capital par l'émission d'actions à souscrire en espèces, les possesseurs d'actions anciennes auront un droit de préférence pour la souscription des dites actions au taux fixé par le Conseil d'administration, et dans la proportion de celles par eux possédées.

Diminuer le capital social par la réduction du nombre d'actions ou par tous autres moyens tels que : remboursement d'une fraction de chaque action, l'annulation d'un certain nombre d'actions, l'échange d'actions nouvelles, d'un nombre moindre contre les actions anciennes, le rachat ou l'amortissement complet des actions.

Décider la division de chaque action pour obtenir des titres en un nombre supérieur ou au contraire voter la diminution du nombre de titres par leur réunion.

Apporter à toutes sociétés en formation ou constituées tout ou partie de l'actif social.

Recevoir, en représentation de cet apport, soit des espèces, actions ou obligations, soit des parts de commandite, soit enfin des parts bénéficiaires.

Accepter toutes propositions de fusion de la part de sociétés, en formation ou constituées, déterminer les conditions du traité de fusion.

Décider la prorogation de la Société ou sa dissolution anticipée.

Employer les fonds disponibles à l'extinction du capital social, suivant le mode qu'elle désignera, fixer la nature et la valeur du titre qui sera remis en échange de chaque action amortie.

Apporter aux présents Statuts toutes modifications ou additions dont l'utilité sera reconnue, notamment étendre l'objet social, changer la dénomination de la Société, transférer le siège social dans une autre ville de France et même à l'étranger que celle indiquée à l'article premier; rémunérer comme l'entendra le concours des tiers, fussent par une participation aux bénéfices, modifier la répartition des bénéfices, autoriser la création d'actions privilégiées et de parts bénéficiaires ; la loi expresse des présents Statuts étant que l'Assemblée générale ait des droits souverains et sans limite pour disposer du fonds social.

Les Assemblées générales qui auront à délibérer sur les cas ci-dessus prévus et sur tous ceux qui n'entrent pas dans le cadre des Assemblées générales annuelles ne délibéreront valablement qu'autant qu'elles seront composées d'un nombre d'Actionnaires représentant la moitié du capital social.

Si, sur une première convocation, le nombre des actions représentées n'atteignait pas la moitié du capital, le Conseil d'administration, en vue d'une seconde convocation, aurait le droit d'abaisser même à une seule le nombre d'actions conférant le droit de participer à l'Assemblée. Mention en serait faite dans les convocations, Dans ce cas, chaque Actionnaire aurait autant de voix qu'il représente d'actions par lui-même ou comme mandataire, sans pouvoir toutefois réunir plus de cent voix.

Article 38

Les délibérations de l'Assemblée générale, prises conformément aux Statuts, obligent tous les Actionnaires, même les absents, dissidents ou incapables.

Elles sont constatées par des procès-verbaux inscrits sur un registre spécial et signés par les membres ayant composé le bureau de l'Assemblée.

Les justifications à faire vis-à-vis des tiers, des délibérations des Assemblées, résultent de copies ou extraits certifiés conformes par le Président du Conseil d'administration, ou par deux Administrateurs.

TITRE VII

Etat de Situation. — Inventaire et Comptes annuels.

Article 39

L'année commerciale commence le premier janvier et finit le trente et un décembre; le premier exercice comprendra le temps qui s'écoulera de l'époque de la constitution définitive de la Société au trente et un décembre mil neuf cent un.

Chaque semestre, un état résumant la situation active et passive de la Société est dressé par les soins du Conseil d'administration.

Cet état est mis à la disposition du Commissaire.

A l'expiration de chaque année, les comptes sont arrêtés et un inventaire général de l'actif et du passif de la Société est dressé par les soins du Conseil d'administration.

Dans le cas où il résulterait des états sommaires arrêtés le 30 juin de chaque année que la situation des affaires et des bénéfices apparents permettrait la distribution d'un dividende provisoire, une première répartition pourrait avoir lieu sur le dividende annuel, en vertu d'une décision du Conseil d'administration.

L'inventaire, le bilan et le compte de profits et pertes sont mis à la disposition du Commissaire, le quarantième jour, au plus tard, avant l'époque fixée pour la réunion de l'Assemblée générale à laquelle ils doivent être présentés.

TITRE VIII

Bénéfices. – Fonds de réserve

Article 40

Les produits annuels, déduction faite de toutes les charges sociales, des intérêts, des emprunts, de l'amortissement des emprunts, des comptes immobilisés, dans la proportion que fixera le Conseil d'administration, constituent les bénéfices.

Sur les bénéfices nets ainsi établis à chaque inventaire, il est d'abord prélevé :

5 0/0 destinés à la Réserve légale.

La somme nécessaire pour distribuer aux actionnaires un dividende de 5 0/0 des capitaux versés et non remboursés.

Sur le reliquat il sera attribué :

10 0/0 au Conseil d'administration ;
45 0/0 aux Actionnaires;
45 0/0 aux parts de fondateur;

Les 45 0/0 attribués aux actionnaires s'imputeront sur le capital social et l'amortiront à due concurrence ; à cet effet, et pour éviter des amortissements trop minimes, tout ou partie de la dite somme pourra être mis en réserve pendant un ou plusieurs exercices. Après le remboursement des actions il sera délivré aux Actionnaires des actions de jouissance.

Sur la proposition du Conseil d'administration il pourra être fait un prélèvement sur les 45 0/0, pour constituer une réserve facultative, destinée plus spécialement à unifier les dividendes.

Le prélèvement pour la réserve légale prendra fin lorsqu'elle aura atteint le dixième du capital social, il reprendrait son cours si cette réserve était entamée

ARTICLE 41

Pour représenter la part de 50 0/0 dans les bénéfices attribuées aux Actionnaires de l'ancienne Société la Perle Française, ainsi qu'à M. Béroud en représentation des 10 0/0 qui lui avaient été attribués, il sera créé 1.700 parts sans fixation de valeur sur lesquelles 1.100 portant les numéros 1 à 1.100 seront attribuées aux actionnaires de l'ancienne Société, porteurs des actions de la première émission et 500 parts portant les numéros 1.101 à 1.600 aux actionnaires porteurs des actions privilégiées et 100 parts portant les numéros 1.601 à 1.700 à M. Béroud.

La somme revenant annuellement aux parts de fondateur sera répartie de la façon suivante : si elle représente 25.000 francs ou une somme inférieure, la moitié aux parts portant les numéros 1.101 à 1.600 et l'autre moitié aux 1.200 autres parts.

Si elle est supérieure à 25.000 francs jusqu'à 42.500 francs tout ce qui excédera 25.000 francs appartiendra exclusivement aux 1.200 parts.

Au-dessus de 42.500 francs tout l'excédent se partagera proportionnellement entre les 1.700 parts.

Chaque exercice fera l'objet d'un règlement unique ; dans aucun cas un exercice ne pourra être reporté sur un autre.

Les parts seront représentées par des titres nominatifs ou au porteur délivrés et cessibles comme les actions.

Elles ne donnent aucun droit aux titulaires de s'immiscer dans l'administration de la Société ni d'apporter aucun obstacle à l'exécution des délibérations des Assemblées générales prises en conformité des statuts, même en cas de fusion ou de dissolution anticipée.

Les bénéfices auxquels elles participent sont fixés comme il est dit ci-dessus.

En cas d'augmentation du capital social les porteurs de parts auront un droit de préférence à la souscription de 50 0/0 du nouveau capital, les actionnaires ayant droit au surplus.

A la dissolution de la Société, les parts de fondateur viennent concurremment avec les actionnaires et dans la proportion de leurs droits au partage de l'actif social après toutefois remboursement du capital social, s'il n'est effectué à ce moment, et extinction du passif.

Les droits attachés aux parts de fondateur subsistent en cas de prorogation de la Société au-delà du terme fixé par les statuts.

Ils ne peuvent être diminués en cas d'augmentation du capital social par création d'actions émises contre numéraire ou en paiement d'apports par voie de fusion avec d'autres sociétés ou par tous autres modes mais toutefois après le paiement de l'intérêt à servir au capital nouveau. Ils resteront donc de 50 0/0 dans les bénéfices nets quel que soit le montant du capital.

TITRE IX

Dissolution. — Liquidation.

ARTICLE 42.

En cas de perte de la moitié du capital social, le Conseil d'administration est tenu, dans les termes de l'article 37 de la loi du 24 juillet 1867, de convoquer l'Assemblée générale de tous les Actionnaires, à l'effet de délibérer sur l'opportunité d'une dissolution anticipée de la Société.

Les résolutions de l'Assemblée générale concernant cette délibération reront rendues publiques.

ARTICLE 43.

A la dissolution comme à l'expiration de la Société, l'Assemblée générale détermine, sur la proposition du Conseil d'administration, le mode de liquidation et nomme un ou plusieurs liquidateurs pris parmi les membres du Conseil d'administration ou au dehors.

ARTICLE 44.

Pendant la liquidation comme durant l'existence de la Société, l'être moral subsiste et demeure seul propriétaire jusqu'à la liquidation complète de tous les biens meubles, immeubles et autres valeurs dépendant de la Société, lesquels, en conséquence, ne peuvent jamais être considérés comme étant la propriété des Actionnaires pris individuellement.

Les pouvoirs de l'Assemblée générale se continuent pendant la liquidation et jusqu'à l'apurement des comptes, elle autorise notamment le liquidateur à faire le transfert à une Société des droits, actions et obligations de la Société dissoute, contre des espèces, obligations, actions ou parts bénéficiaires.

La nomination des liquidateurs met fin au pouvoir des Administrateurs ou de tous mandataires.

Article 45

Les liquidateurs sont investis des droits et pouvoirs les plus étendus pour réaliser l'actif social, mobilier et immobilier, sans formalité de justice alors même qu'il y aurait, parmi les intéressés, des mineurs, interdits ou autres incapables.

Ils pourront aussi et dans les mêmes conditions faire apport total ou partiel du dit actif à une Société en formation ou constituée et recevoir le prix en espèces, actions, obligations, parts bénéficiaires ou commandites.

Ils reçoivent toutes les sommes dues à la Société et acquittent toutes celles qu'elle peut devoir en capitaux, intérêts et accessoires.

Ils représentent la Société vis-à-vis des tiers, assurent et exécutent les décisions de l'Assemblée générale.

Ils exercent, tant en demandant qu'en défendant, toutes poursuites, plaident, interjettent appel de toutes décisions judiciaires, consentent tous désistements et mainlevées avec ou sans paiement.

Ils traitent, transigent, compromettent en tout état de cause.

Et généralement ils font tout ce qui est nécessaire à la liquidation et à ses suites et besoins, sans aucune exception ni réserve,

A ces effets, ils passent et signent tous actes et sous leur responsabilité personnelle, se substituent toutes personnes, par mandats spéciaux et pour objets déterminés.

Article 46

A moins que l'Assemblée générale ne précise un mode particulier de liquidation, les liquidateurs doivent avec les sommes provenant de la réalisation de l'actif et celles constituant les fonds de réserve légale de prévoyance et d'amortissement :

1° Acquitter le passif envers les tiers;

2° Payer les frais privilégiés de liquidation;

3° Rembourser aux Actionnaires, et proportionnellement à leurs droits respectifs, le montant de leurs actions non amorties;

4° Faire le partage des fonds de réserve légale de prévoyance et d'amortissement, et de tout le surplus de l'actif entre tous les actionnaires d'après le nombre des actions possédées par chacun d'eux, les porteurs de parts bénéficiaires et les membres du dernier Conseil dans la proportion de :

10 0/0 pour les Administrateurs ayant composé le dernier Conseil;

45 0/0 aux Actionnaires;

45 0/0 aux parts de fondateur.

TITRE X

Contestations et Poursuites.

Article 47

Dans le cas de contestations, tout Actionnaire devra faire élection de domicile à Lyon et toutes notifications, significations et assignations seront valablement faites au domicile par lui élu, sans avoir égard à la distance du domicile réel.

A défaut d'élection de domicile, cette élection aura lieu de plein droit, pour les notifications judiciaires, au Parquet de M. le Procureur de la République, près le Tribunal de première instance de Lyon.

Le domicile élu, formellement ou implicitement, comme il vient d'être dit, entraînera attribution de juridiction aux Tribunaux compétents de Lyon.

De convention expresse, aucun Actionnaire ne pourra intenter une demande en justice contre la Société ou contre les Administrateurs, même au cas où il s'agirait de nullité des délibérations prises par l'Assemblée générale, ou d'une demande en nullité ou dissolution anticipée sans que cette demande ait été préalablement déférée à l'Assemblée générale des Actionnaires dont l'avis devra être soumis aux Tribunaux compétents, en même temps que la demande elle-même.

TITRE XI

Constitution de la Société.

Article 48

Les frais de constitution de la Société, ceux de premier établissement, les frais d'émission du capital social ou des augmentations successives seront portés à un compte spécial dénommé « Frais de 1er établissement » qui sera amorti aussitôt que possible suivant décision du Conseil d'administration.

La première Assemblée générale constitutive pourra être réunie sans délai sitôt après la déclaration de souscription du capital et le versement du premier quart, elle sera convoquée par simple lettre; la seconde Assemblée pourra être réunie huit jours après l'impression du rapport du Commissaire nommé par la première Assemblée pour faire un rapport sur les apports du fondateur et les avantages stipulés à son profit.

Tout actionnaire, quel que soit le nombre d'actions possédées par lui, a le droit de prendre part aux Assemblées générales constitutives. Les actionnaires, propriétaires d'un nombre d'actions inférieur à dix, ont droit à une voix. Les actionnaires, propriétaires d'un nombre d'actions supérieur à dix, ont droit à autant de voix qu'ils ont de fois dix actions, sans pouvoir dépasser dix voix.

En cas de fusion avec d'autres sociétés ou d'augmentation de capital, comme il est dit au cours des présents statuts, le délai pour la convocation des Assemblées générales d'actionnaires, sera seulement de huit jours.

Article 49

Tous pouvoirs sont donnés au porteur des présents pour remplir les formalités de publicité légale.

35.559. — Lyon. — Imprimerie du *Salut Public*, 71, rue Molière.

SYNDICAT D'ÉTUDES

POUR

L'INDUSTRIE DE LA PERLE DE VERRE

STATUTS

LYON
IMPRIMERIE ET LITHOGRAPHIE DU SALUT PUBLIC
71, Rue Molière, 71

1902

SYNDICAT D'ÉTUDES

POUR

L'INDUSTRIE DE LA PERLE DE VERRE

STATUTS

LYON
IMPRIMERIE ET LITHOGRAPHIE DU SALUT PUBLIC
71, Rue Molière, 71

1902

SYNDICAT D'ÉTUDES

POUR

L'INDUSTRIE DE LA PERLE DE VERRE

STATUTS

Article premier.

Il est formé par les présentes entre les soussignés, une association en participation qui sera régie par les présents statuts.

Article 2.

La participation a pour objet :

1° L'achèvement des études relatives à la fabrication de la Perle de verre par les procédés les plus rémunérateurs et notamment l'établissement exact des prix de revient des divers produits de cette industrie ;

2° La fabrication et la vente de tous produits nécessaires à cet effet ;

3° Enfin, l'organisation et la constitution de toute société anonyme ou autre pour l'exploitation de l'industrie de la Perle de verre ou l'apport à toute société du bénéfice tant des études que des avantages ci-après consentis à la présente participation par le liquidateur de la Société **La Perle Française.**

ARTICLE 3.

Le Syndicat présentement formé étant une association en participation chacun des associés ne sera responsable que des engagements pris par lui ou de ceux contractés pour lui par le conseil de gérance de la participation, dans les limites des pouvoirs qui lui sont attribués par les présents statuts ou qui lui serait attribués par une assemblée générale des participants, sans toutefois que la dite assemblée générale puisse accroître l'engagement pécuniaire consenti par chaque participant.

ARTICLE 4.

Vis-à-vis des tiers, il n'y aura pas d'être moral distinct des participants.

Les opérations de la participation arrêtées par le Conseil de gérance seront faites soit au nom des membres du dit Conseil, soit au nom de toutes personnes désignées par ce dernier.

Les opérations de la participation seront centralisées à Villeurbanne, chemin de la Bouteille, dans les locaux pris à bail par la présente participation, et où les écritures seront tenues.

Les participants déclarent faire élection de domicile dans ces mêmes locaux pour tout ce qui concerne leurs relations sociales.

ARTICLE 5.

La participation prend la dénomination de : *Syndicat d'études pour l'industrie de la Perle de verre.*

Article 6.

La participation prendra cours dés ce jour ; elle durera jusqu'au jour où le but étant atteint, il aura été fait apport ou cession des droits du présent syndicat à un acquéreur ou à une société d'exploitation constituée à cet effet et dont le capital, les clauses et conditions seront déterminées par l'Assemblée générale de l'Association, pour quelque cause que ce soit.

Article 7.

Le capital de l'Association est fixé à la somme de 75.000 francs, qui sera divisé en soixante-quinze parts de 1.000 francs chacune, toutes nominatives et émises contre espèces.

Mais il est formellement convenu que sur les dites soixante-quinze parts, soixante seulement pourront être émises de suite, et que les quinze de surplus ne pourront être émises qu'ensuite de l'autorisation qui en sera donnée au Conseil de gérance par une Assemblée générale des participants.

Les soixante parts qui peuvent être émises sont, dès à présent, souscrites par les soussignés, tant en leurs noms personnels qu'aux noms des participants qu'ils représentent. Les autres parts de surplus seront souscrites ultérieurement aux conditions qui seront déterminées par le Conseil de gérance et par des personnes qui devront être agréées par ce dernier.

Le montant des parts souscrites ou à souscrire sera payable au fur et à mesure des besoins de la participation aux époques et lieu et dans la proportion déterminée par le Conseil de gérance par simple appel de fonds qui devra être adressé à chacun des associés au moins quinze jours d'avance.

ARTICLE 8.

Chacune des parts créées donnera droit à une quotité des bénéfices ou avantages obtenus par le Syndicat égale au nombre des parts émises.

Les parts sont indivisibles, elles ne peuvent, être cédées sans l'agrément du Conseil de gérance. La cession aura lieu par un transfert signé du cédant et du cessionnaire sur un registre spécial. Le décès d'un participant ne pourra entraîner la dissolution de la participation qui continuera, comme par le passé, avec ses héritiers ou ayants droit à charge pour eux de se faire représenter par un seul d'entre eux ou un mandataire de leur choix.

ARTICLE 9.

Par ces présentes, M. Joseph Vaudray agissant en sa qualité de liquidateur de la Société anonyme « La Perle Française », et en vertu des pouvoirs qui lui ont été conférés par l'Assemblée générale extraordinaire des actionnaires de la dite société, du 29 mars 1902.

Déclare donner à titre de bail à loyer à la présente participation ou pour elle à MM.
membres du Conseil de gérance, acceptant l'usine pour la fabrication de la Perle de verre que la dite société possède à Villeurbanne, chemin de la Bouteille, comprenant notamment :

Ensemble tout le matériel installé dans la dite usine, les meubles et objets mobiliers servant à son exploitation dont un état détaillé a été dressé contradictoirement entre M. Vaudray et MM.

Ce bail est ainsi consenti pour une durée d'un an, maximum et à compter de ce jour et moyennant un loyer trimestriel de 2.000 fr., plus le remboursement des impôts des portes et fenêtres le tout payable par trimestre et d'avance.

La participation pourra toutefois donner congé dédit après six ou neuf mois en prévenant M. VAudray un mois d'avance.

Le Syndicat sera tenu de n'exercer dans les lieux loués aucune industrie autre que celle concernant la fabrication de la Perle.

Il ne pourra faire aucun changement dans la disposition des lieux sans l'autorisation écrite de M. Vaudray.

Il devra payer pendant tout le temps de sa jouissance les impôts afférents à leur usine ainsi que le montant de toutes primes d'assurances. Il devra satisfaire à tous les règlements de police et de voirie concernant la dite usine.

Il ne pourra en aucun cas céder son droit au bail, ni sous-louer en tout ou en partie.

En outre, M. Vaudray en sa dite qualité de liquidateur de la « Perle Française » et en vertu des pouvoirs qui lui ont été conférés par l'Assemblée sus-énoncée des actionnaires de la dite Société,

S'engage à vendre et à céder à la présente participation ou à toute société, banquiers ou tiers quelconque qui lui seraient désignés par la présente participation.

Tout l'actif social dépendant de la dite Socité la « Perle Française » consistant notamment en l'usine ci-dessus désignée située à Villeurbanne, chemin de la Bouteille, servant à la fabrication de la Perle de verre.

La clientèle pouvant être attachée à la dite usine.

Cette cession aura lieu moyennant :

1° La somme de 166.000 francs montant en principal de l'emprunt hypothécaire contracté par la Société « La Perle Française » ou la prise en charge de cette créance si les prêteurs le consentent ;

2° Le paiement du solde qui pourrait alors rester dû, des frais et dépenses de la liquidation de la Société « La Perle Française » sans que dans aucun cas, cette somme puisse être supérieure à 8.000 francs ;

Et 3° Une part à déterminer dans les bénéfices nets de la Société à laquelle il serait fait apport du dit actif social de « La Perle Française » part qui ne pourrait être inférieure à 25 0/0. Les bénéfices nets s'entendant, déduction faite de toutes les charges sociales, intérêts des emprunts et frais généraux proprement dits, des amortissements (sur les bâtiments et sur le matériel qui ne pourront être supérieurs à 7 0/0 de la valeur totale), du prélèvement de 5 0/0 pour la réserve légale et de la somme nécessaire pour distribuer aux actionnaires un intérêt de 5 0/0.

Cette promesse de vente est ainsi consentie par M. Vaudray ès-qualité, pour une durée d'un an qui commencera à courir à compter de ce jour pour expirer le   époque à partir de laquelle la Société en liquidation « La Perle Française » serait dégagée de la présente promesse de vente.

Article 10.

La participation est administrée par un Conseil de gérance composé de trois membres au moins et quatre au plus.

Dès aujourd'hui, et comme condition essentielle de la présente association, sont nommés membres de ce Conseil pour toute la durée de la présente convention et sans pouvoir être sujets à révocation.

M.

M.   est chargé de la direction technique des travaux, objet de la présente association.

Le Conseil déléguera un de ses membres pour contrôler d'une façon permanente ses opérations.

Article 11.

Le Conseil de gérance a les pouvoirs les plus étendus pour représenter les participants sans pouvoir, toutefois, les engager au-de là de leur part, et pour atteindre le but de la participation. Ces pouvoirs sont ceux qu'auraient un gérant dans une Société en commandite. Il fait notamment tous traités ou marchés construits, fait construire et vend toutes machines, nomme et révoque tous employés ou ouvriers, fixe leurs traitement et salaires. Mais il ne peut faire la vente ou apport des études et de tout ou partie des droits actifs ou passifs du Syndicat qu'en vertu d'une délibération de l'Assemblée générale des participants.

Le Conseil nomme, parmi ses membres, un président et un secrétaire.

Les décisions du Conseil sont prises à la majorité des voix des membres présents.

Pour délibérer valablement, la présence de deux membres au moins du Conseil est nécessaire.

Le Conseil de gérance délibérant ainsi qu'il vient d'être dit, peut déléguer à un ou plusieurs de ses membres ou même à des personnes étrangères des pouvoirs généraux ou spéciaux, pour une ou plusieurs affaires déterminées et leur allouer une indemnité pour ces fonctions.

En cas de partage des voix, celle du Président est prépondérante.

Le Président a qualité pour convoquer les réunions du Conseil et exécuter ses décisions. Ces décisions seront constatés par les procès-verbaux qui seront dressés de chaque séance et signés du Président et du Secrétaire. Les extraits de ces procès-verbaux à produire en justice ou ailleurs seront signés du Président et à son défaut par deux Membres du Conseil.

Les Membres du Conseil ne sont responsables que de l'exécution du mandat qu'ils ont reçu, et ils ne contractent, à raison de leur gestion, aucune obligation personnelle ni solidaire relativement aux engagements qu'ils pourront prendre pour les participants.

Article 12.

Les participants seront convoqués en Assemblée générale par le Conseil de gérance toutes les fois qu'il le jugera utile. Les convocations seront faites par lettres recommandées adressées au moins huit jours à l'avance.

L'Assemblée sera présidée par le Président du Conseil de gérance ou à son défaut par une personne désignée par le Conseil.

Elle votera à la majorité des membres présents ou représentés, chaque part donnant droit à une voix, sans que toutefois un même participant puisse réunir en tout plus de dix voix. En cas de partage, celle du Président est prépondérante.

Chaque associé peut se faire représenter aux Assemblées, mais seulement par un autre associé.

L'Assemblée est régulièrement constituée lorsque les associés présents ou représentés représentent au moins la moitié des parts.

Il est dressé une feuille de présence signée des associés présents et certifiée par le Président et le Secrétaire.

A défaut de la réunion de la moitié des participants, il est convoqué à dix jours d'intervalle une nouvelle Assemblée qui délibère valablement quel que soit le nombre des membres présents, mais cette Assemblée ne statuera valablement que sur les questions portées à l'ordre du jour de la première Assemblée.

Les délibérations de l'Assemblée sont constatées par des procès-verbaux signés du Président et du Secrétaire. Les extraits à en produire seront valablement signés par le Président ou deux Membres du Conseil de gérance.

Les décisions régulièrement prises sont obligatoires pour tous les participants.

Article 13.

L'Assemblée générale a le pouvoir d'apporter toutes modifications aux présentes sans pouvoir toutefois rendre les participants responsables au-delà de l'engagement personnel pris par chacun d'eux.

Elle statue souverainement sur les questions relatives à la continuation, à la dissolution ou à la transformation de l'Association, à la constitution de toutes sociétés nouvelles, à l'apport et à la vente de tout ou partie de l'actif et des droits mobiliers et immobiliers de la participation, en un mot sur toutes les opérations ne rentrant pas dans les attributions du Conseil de gérance.

L'Assemblée générale pourra donner au Conseile gérance toutes autorisations et pouvoirs pour la constitution de toutes sociétés nouvelles ou pour la négociation de toutes conditions relatives à l'apport de l'actif de la participation à tous tiers ou sociétés.

Fait en autant d'originaux que de parties, à

39.064. — Lyon, imprimerie et lithographie du *Salut Public*, rue Molière, 71.

www.ingramcontent.com/pod-product-compliance
Lightning Source LLC
LaVergne TN
LVHW020040170826
845678LV00001B/348
* 9 7 8 2 3 2 9 6 9 3 1 8 7 *